Erfolgreiche Führung mit dem Vierfarben-Modell
Michael Lorenz
Nora Haager

Michael Lorenz
Nora Haager

Erfolgreiche Führung mit dem Vierfarben-Modell

3. Auflage

Copyright © 2026, 2021, 2016
Michael Lorenz, Autor
grow.up. Managementberatung GmbH
Quellengrund 4, 51647 Gummersbach
lorenz@grow-up.de
Tel.: 02354/70890-0
www.grow-up.de
Redaktion: Ilona Haselbach,
grow.up. Managementberatung GmbH
Cover: Bilderstellung mit KI/ChatGPT

3. Auflage 2026

ISBN: 978-1540333735
Imprint: Independently published

Alle Rechte, insbesondere das Recht der Vervielfältigung und Verbreitung sowie der Übersetzung, liegen bei den Autoren. Kein Teil des Werkes darf in irgendeiner Form (durch Fotokopie, Mikrofilm oder ein anderes Verfahren) ohne schriftliche Genehmigung der Autoren reproduziert werden oder unter Verwendung elektronischer Systeme verarbeitet, vervielfältigt oder verbreitet werden.

Inhaltsverzeichnis

Vorwort — 6
Professionelle Führung mit einem Menschenmodell — 7
  Vorstellung des Vierfarben-Modells — 7
  Vorstellung der vier Farbtypen — 12
  Wie Sie uns erkennen — 16
  Welchen Nutzen habe ich als Führungskraft von dem Modell? — 18
  Was sagt das Vierfarben-Modell über mein eigenes Führungsverhalten aus? — 19
  Wie kann ich als Führungskraft meine verbale und nonverbale Wirkung verbessern? — 25
  Wie kommuniziere ich mit den unterschiedlichen Typen? — 28
  Wie führe ich die unterschiedlichen Farbtypen? — 33
  Wie kann ich das Modell für bessere Teamarbeit nutzen? — 39
  Was tun bei Teamkonflikten? — 42
  Niemand ist ein Menschenkenner – Bewerber schnell und treffsicher erkennen — 49
  Wie verhandle ich erfolgreich mit Bill Gates und Thomas Gottschalk? — 53
Schlusswort — 57
Literaturempfehlungen — 59
Die Autoren — 62

Vorwort

Wer Menschen führen will, muss hinter ihnen gehen.
Laotse, chin. Philosoph, 4.-3. Jahrhundert v. Chr.

Eine der schwierigsten Herausforderungen für Führungskräfte ist es, mit der Individualität ihrer Mitarbeiter umzugehen. Warum verhält sich der Mitarbeiter so? Warum reagiert er auf Dinge anders als andere Mitarbeiter? Wie verhält sich der Mitarbeiter in stressigen Situationen?

Das nachfolgend vorgestellte Modell beruht auf Gedanken und Forschungen von C. G. Jung (Schweizer Psychiater, 1875-1961) und W. Marston (US-amerikanischer Psychologe, 1893-1947). Es bildet die Grundlage des MBTI®, der verschiedenen Insights-Varianten oder des DISC-Modells.

In diesem Booklet aus der grow.up.-Reihe *Führung TO.GO.* erfahren Sie, welche verschiedenen Verhaltenspräferenzen es gibt und wie Sie als Führungskraft die unterschiedlichen Typen erfolgreicher führen können.

Michael Lorenz   Nora Haager

Gummersbach, im März 2026

Hinweis: Wir nutzen in diesem Buch männliche und weibliche Formen, ohne dass dies eine Bevorzugung oder Zurücksetzung einer Geschlechterform darstellen soll. Es ist in allen Ausführungen aber sinngemäß immer die männliche und weibliche Form gemeint.

Professionelle Führung mit einem Menschenmodell

Vorstellung des Vierfarben-Modells

Immer, wenn wir in Beziehung zu anderen treten, – und das ist als Führungskraft ständig der Fall – ist es hilfreich, zuerst zu begreifen, wie wir selbst die Welt wahrnehmen und wie dies andere tun. Zwei Menschen können nämlich etwas betrachten, darüber unterschiedlicher Ansicht sein und es haben dennoch beide recht. Warum ist das so?

Weil Menschen die Welt völlig unterschiedlich wahrnehmen. Das dahinterliegende Phänomen heißt *Selektive Wahrnehmung*. Hierbei werden nur bestimmte Aspekte der Umwelt wahrgenommen und andere ausgeblendet. Selektive Wahrnehmung beruht auf der Fähigkeit, Muster zu erkennen, einem grundlegenden und sogar überlebensnotwendigen Mechanismus des menschlichen Gehirns. Ohne sie wären wir völlig reizüberflutet. Unsere (selektive) Wahrnehmung beeinflusst unser Handeln und wirkt sich letzten Endes auf unsere sozialen Beziehungen aus. Oft verhalten wir uns aber so, als sei unsere Wahrnehmung die einzige Wirklichkeit, die existiert.

Kennen Sie das? Je weniger Sie mit einer Person gemeinsam haben, umso eher sehen Sie ihre Schwächen anstatt ihre Stärken. Unsere Wirklichkeit sehen wir als richtig an und verhalten uns natürlich auch dementsprechend. Jeder, der sich anders verhält, wird in unseren Augen erst einmal als anders und vielleicht sogar als *falsch* eingestuft. Dass diese andere Person die Welt aber vielleicht ganz anders wahrnimmt und sich deswegen anders verhält, kommt uns oft gar nicht in den Sinn.

Um dieser Voreingenommenheit zukünftig gezielt entgegenwirken zu können, wollen wir Ihnen im Folgenden ein bewährtes Modell vorstellen. Mit ihm lassen sich die Verhaltenspräferenzen von Menschen beschreiben. Die Persönlichkeit eines Menschen umfasst jedoch weit mehr, wie etwa Motive oder Einstellungen. Aber Verhaltenspräferenzen sagen bereits eine ganze Menge aus und sind darüber hinaus auch greifbarer und weniger komplex als die darunter liegenden Motive der menschlichen Persönlichkeit. Dafür nutzen wir zwei bewährte Persönlichkeitsdimensionen:

rational versus emotional

und

introvertiert versus extravertiert.

Modelle bilden die Wirklichkeit natürlich immer stark vereinfacht ab. Sie helfen uns aber dabei, Erklärungen zu finden, Verhalten zu verstehen und Handlungen einzuleiten.

Die Dimension *introvertiert vs. extravertiert* beschreibt die Art, wie wir auf unsere äußere und innere Erfahrungswelt reagieren. Introvertierte Menschen verhalten sich eher ruhig, zurückhaltend, nachdenklich und beobachtend, während extravertierte Menschen eher gesprächig, sich einbringend, auffallend und gesellig erscheinen (siehe Abb. 1).

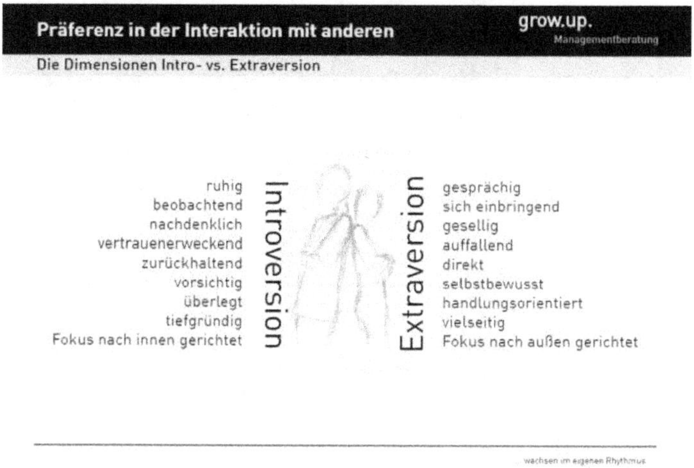

Präferenz in der Interaktion mit anderen — grow.up. Managementberatung

Die Dimensionen Intro- vs. Extraversion

Introversion
- ruhig
- beobachtend
- nachdenklich
- vertrauenerweckend
- zurückhaltend
- vorsichtig
- überlegt
- tiefgründig
- Fokus nach innen gerichtet

Extraversion
- gesprächig
- sich einbringend
- gesellig
- auffallend
- direkt
- selbstbewusst
- handlungsorientiert
- vielseitig
- Fokus nach außen gerichtet

wachsen im eigenen Rhythmus

Abb. 1: Präferenzen in der Interaktion mit anderen

Wir Menschen neigen manchmal dazu, andere Menschen in eine *Schublade* zu stecken. Auch das ist ein Aspekt der selektiven Wahrnehmung. Wir machen uns die Wahrnehmung und Interpretation dadurch einfacher. Wenn *Schubladen* allerdings zum Automatismus werden, schränken sie unsere Wahrnehmung weiter ein und uns gehen wichtige Informationen über unser Gegenüber verloren. Ein gutes Beispiel ist der Mann, der glaubt, dass Frauen nicht einparken können. Dieser Mann wird überall nur noch Frauen sehen, die nicht einparken können, die Frauen, die jedoch perfekt in die Parklücke finden, werden ausgeblendet. Abb. 2 hilft, die eigenen Überzeugungen über sehr intro- oder sehr extravertierte Menschen zu überprüfen.

Eigentlich bin ich ...   grow.up. Managementberatung

Eigentlich bin ich **introvertiert**, aber ...

- ich bin nicht schüchtern. In sozialen Situationen bin ich durchaus unbeschwert, aber danach kann ich etwas Zeit für mich gebrauchen, um wieder neue Energie zu tanken.

- meine Beziehungen sind mir wichtig und ich liebe es, eine Umarmung eines guten Freundes zu bekommen. Dennoch, überrumpele mich nicht!

- solange ich vorbereitet bin, fühle ich mich beim Präsentieren wohl. Aber den Smalltalk im Nachgang mag ich nicht so gerne.

Eigentlich bin ich **extravertiert**, aber ...

- der Input eines vertrauten Kollegen lässt mich für Überlegungen innehalten. Auch, wenn ich sonst zufrieden bin, wenn ich alleine arbeite.

- ich schätze Bedenkzeit. Ist meine Entscheidung allerdings einmal getroffen, bin ich handlungsbereit!

- ich kann auch ein guter Zuhörer sein, indem ich dir helfe, den Wald vor lauter Bäumen wieder zu sehen.

Abb. 2: Eigentlich bin ich intro-/extravertiert, aber ...

Die zweite Dimension *rational vs. emotional* beschreibt, wie wir Entscheidungen treffen. Ein rationaler Menschentyp trifft eher sachlich/fachliche Entscheidungen (mit dem Kopf). Ein emotionaler Menschentyp trifft Entscheidungen eher gefühlsgeleitet/beziehungsbezogen (mit dem Bauch). (Siehe Abb. 3).

Wie wir unsere Entscheidungen treffen   grow.up. Managementberatung
Die Dimensionen rational vs. emotional

sachbezogen · abwägend · mit dem Kopf

rational

emotional

beziehungsbezogen · spontan · aus dem Bauch

Abb. 3: Wie wir unsere Entscheidung treffen

Aus diesen beiden Dimensionen ergeben sich vier unterschiedliche Verhaltenspräferenzen (siehe Abb. 4).

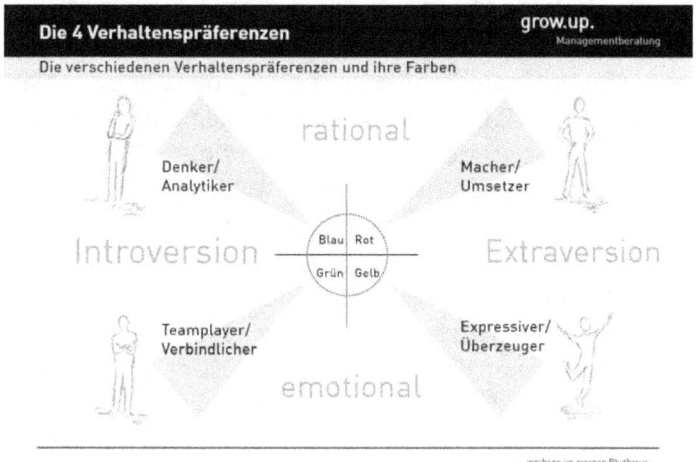

Abb. 4: Die 4 Verhaltenspräferenzen

Je stärker eine bestimmte Verhaltenspräferenz bei einem Menschen ist, desto leichter lässt er sich auch einem der vier Farbausprägungen zuordnen. Ist jemand beispielsweise in fast jeder Situation eher ruhig, nachdenklich, analysiert alles bis ins kleinste Detail und hat Schwierigkeiten, aus sich heraus zu gehen und anderen seine tiefsten Wünsche und Bedürfnisse mitzuteilen, so könnte man diese Person auch als Denker/Analytiker beschreiben.

In der Regel ist es zwar so, dass ein Mensch Anteile von mehreren Verhaltenspräferenzen hat. Häufig können wir jedoch feststellen, dass bestimmte Ausprägungen und Verhaltensweisen besonders typisch für einen Menschen sind und sie häufiger vorkommen als andere. Diese besonders stark ausgeprägten Vorlieben und Verhaltensweisen beschreiben den Typ am besten.

Vorstellung der vier Farbtypen

Der Analytiker oder Denker (*blaue* Verhaltenspräferenzen) ist eine zurückhaltende und ruhige Person, die sehr sachlich und analytisch vorgeht und großes Interesse an der Aufgabe zeigt. Er liebt es, den Dingen auf den Grund zu gehen – Neugierde ist dabei eine seiner stärksten Antreiber. Er möchte wissen, was die Welt im Innersten zusammenhält. Er arbeitet gerne in Ruhe und alleine vor sich hin. Sein Arbeitsstil ist durch eine hohe Präzision und Klarheit geprägt. Sein Motto lautet: *Erst denken, dann handeln!* oder *Tatsachen sind nun einmal Tatsachen!* Gerne arbeitet er detailorientiert und ist dabei sehr ausdauernd. Veränderungen empfindet er eher als störend. Er spricht ungern über persönliche Dinge und legt keinen großen Wert auf Geselligkeit.

An einem guten Tag werden Sie diesen Mitarbeiter daran erkennen, dass er sehr genau arbeitet, hinterfragend, korrekt und analytisch ist. An einem schlechten Tag dagegen erkennen Sie den Mitarbeiter daran, dass er schnell gelangweilt ist, misstrauisch und sehr unentschlossen. Es kann auch sein, dass er Ihnen gegenüber kühl und reserviert ist.

In diesem Modell ist die Farbe *Blau* den oben beschriebenen Verhaltenspräferenzen zugeordnet.

Prominente Beispiele für den Denker/Analytiker sind Bill Gates, Angela Merkel oder Albert Einstein.

Der Macher oder Umsetzer (*rote* Verhaltenspräferenzen) besitzt ein hohes Maß an Selbstvertrauen und liebt Herausforderungen und Veränderungen. Bedingt durch seine hohe Handlungs- und Ergebnisorientierung investiert er viel Zeit in seine Arbeit. Er gibt gerne vor, was zu tun ist, und will am liebsten jede Minute produktiv nutzen. Sein Motto lautet: *Nicht reden, sondern handeln!* Er kann andere zum Handeln antreiben und etwas bewegen. Dieser Typ wünscht sich von Ihnen als Führungskraft, die Dinge ohne Umschweife beim Namen zu nennen sowie eine Unterweisung, die sich auf das Wesentliche und nicht auf Einzelheiten konzentriert. Er braucht einen gewissen Handlungs-, Gestaltungs- und Entscheidungsspielraum, um sich entfalten zu können und volle Leistung zu zeigen.

An einem guten Tag werden Sie den Mitarbeitertyp daran erkennen, dass er entschieden und zielbewusst agiert. Er wird sich mit dem für ihn gewohnten Wetteifer seiner Sache widmen und seine Ziele vorantreiben. An einem schlechten Tag dagegen werden Sie es sicherlich mal erleben, dass der rote Typ sehr dominant, aggressiv und beherrschend ist. Hierdurch kann es passieren, dass er intolerant seinen Kollegen, Mitarbeitern oder auch gegenüber Ihnen als Führungskraft wird. Wenn der *Rote* Typ sich in die Ecke gedrängt fühlt, kann es auch schon mal passieren, dass er arrogant wird und Sie als Führungskraft übergeht oder Ihre Entscheidungskompetenz in Frage stellt.

In diesem Modell ist die Farbe *Rot* den oben beschriebenen Verhaltenspräferenzen zugeordnet.

Öffentlich bekannte Personen mit hohem *Rot-Anteil* sind z. B. Heidi Klum, Gerhard Schröder und Barack Obama.

Der Teamplayer oder Verbindlicher (*grüne* Verhaltenspräferenzen) Der *Grüne* Typ wirkt nachdenklich, handelt besonnen und überlegt. Er legt viel Wert auf persönliche Beziehungen. Er ist gerne Teil eines Teams. Sein Motto lautet: *Wir sitzen alle in einem Boot* oder auch: *Einer für alle, alle für einen.* Er besitzt eine hohe Sensibilität und nimmt viel Rücksicht auf die Bedürfnisse anderer. Der Teamplayer bevorzugt eine ruhige und entspannte Arbeitsatmosphäre. Er arbeitet lieber an der Verbesserung von Bestehendem als an der Einführung von Neuem. Der Teamplayer wünscht sich von Ihnen als Führungskraft, dass Sie sein Interesse an Menschen und seinen Wunsch nach einem harmonischen Arbeitsklima berücksichtigen.

Den Teamplayer werden Sie an einem guten Tag daran erkennen, dass er sich sehr sozial und gesellig verhält. Sie werden beobachten, dass er sich viel mit seinen Kollegen austauscht, Ihre Nähe aufsucht und viel von sich und seinen Erlebnissen, Erfahrungen und Gedanken erzählt. Der Grüne ist an einem guten Tag sehr mitfühlend, aufmunternd und wirkt sehr gelassen auf sein Gegenüber. Dieses Verhalten kann sich an einem schlechten Tag und unter Stress dahingehend verwandeln, dass er sich zurückzieht, resigniert wirkt und durchaus auch stur werden kann. Wenn Sie ihn zu sehr unter Druck setzen, kann es sein, dass er sich einer Aufgabe verweigert, alles negativ sieht und sehr hartnäckig an seinen negativen Gedanken festhält.

Bekannte Beispiele für Menschen mit hohem *Grün-Anteil* sind etwa Whoopi Goldberg, Nelson Mandela oder Bastian Schweinsteiger.

Der Expressive oder Überzeuger (*gelbe* **Verhaltenspräferenzen**) Eine Person mit *Gelben* Anteilen arbeitet gerne mit anderen Menschen zusammen und will diese von ihren Ideen überzeugen. Ihr ist es wichtig, von anderen akzeptiert zu werden und bei ihren Kollegen beliebt zu sein. Sie sucht die Gesellschaft anderer und braucht sie auch. Der Expressive strahlt Optimismus und Zuversicht aus. Er hat die Fähigkeit, andere zu motivieren und zu begeistern. Er ist ideenreich, kreativ und innovativ. Ausdauer, Beständigkeit und Konzentration hingegen zählen meist nicht zu seinen Stärken. Von Ihnen als Führungskraft erwartet dieser Typ eine direkte Ansprache, die sein Interesse an Menschen berücksichtigt. Es ist wichtig, seine Energie und sein Engagement zu kanalisieren, zu strukturieren und auf das Unternehmens- bzw. Arbeitsziel auszurichten.

An einem guten Tag ist der Expressive umgänglich, schwungvoll, enthusiastisch und unterhaltsam. Durch seine auffallende und unterhaltsame Art vermag er es, andere zu begeistern und mitzureißen.

Hat der Expressive einen schlechten Tag, ist er leicht erregbar. Seine Handlungen wirken dann etwas unkontrolliert und hektisch. Er kann sich dann auch schon mal im Ton vergreifen und wirkt dadurch auf sein Gegenüber taktlos. Er ist noch ausschweifender als sonst und reagiert bzw. handelt unüberlegt.

Zu den Expressiven oder Überzeugern zählen viele Prominente und Ikonen aus dem Show-Business wie z. B. Thomas Gottschalk und Robbie Williams.

Eine Übersicht über die vier verschiedenen Typen gibt auf der folgenden Seite die Abb. 5.

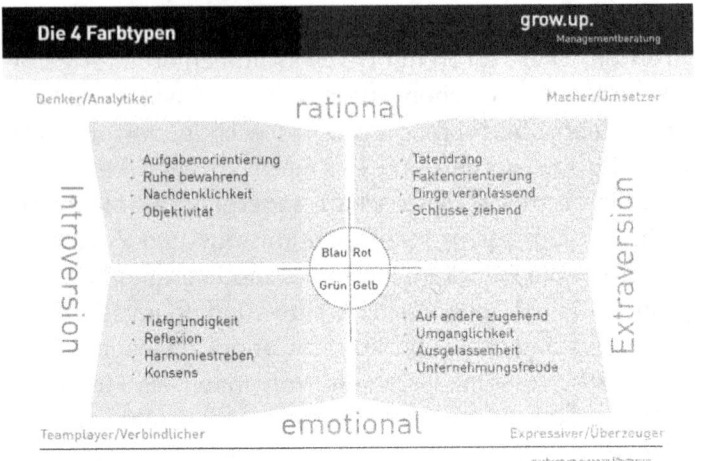

Abb. 5: Die 4 Farbtypen

Wie Sie uns erkennen

Wenn wir wissen, mit wem wir sprechen, finden wir leichter die richtigen Worte. Und wenn wir die richtigen Worte finden, können wir andere leichter von uns, von einer Aufgabe, einem Projekt etc. überzeugen. Wir können Konflikte leichter und schneller aus der Welt schaffen. Wir können unterschiedliche Mitarbeitertypen schneller erkennen, individuell ansprechen, motivieren und für die ihnen übertragene Aufgabe begeistern.

Die folgenden Erkennungs-Checklisten sollen Ihnen helfen, Ihren Gesprächspartner oder Mitarbeiter schneller in das Vierfarben-Modell einordnen zu können, um letztlich Ihre Kommunikation, Ihr Handeln und Ihre Führung gezielter auf Ihr Gegenüber ausrichten zu können.

Erkennungsmerkmale des *Blauen* (Denker/Analytiker)

- Ist sehr formal, korrekt, konservativ
- Zeigt eine hohe Aufgaben- und Prozessorientierung
- Geht ruhig und systematisch vor
- Beherrscht
- Sachlich und strukturiert
- Prüfend, kritisch, skeptisch
- Reagiert bei Überraschungen irritiert
- Strebt nach Perfektion

Erkennungsmerkmale des *Roten* (Macher/Umsetzer)

- Hat ein ausgeprägtes Selbstvertrauen
- Liebt Veränderungen und Herausforderungen
- Zeigt eine hohe Handlungsorientierung und -bereitschaft
- Hat eine hohe Führungsmotivation (sagt anderen gerne, was zu tun ist)
- Egozentrisch (auf eigene Interessen bedacht)
- Leistet hohen Zeiteinsatz
- Kann über sich selbst lachen und versteht Spaß
- Treibt sich selbst hart an und macht häufig schnell Karriere, gefährdet aber seine Position oft selbst, indem er sich Feinde macht

Erkennungsmerkmale des *Grünen* (Teamplayer/ Verbindlicher)

- Freundlich zurückhaltend
- Hört geduldig zu
- Einfühlsam, achtsam und vorsichtig
- Möchte bei anderen beliebt sein und betreibt hierfür intensive Beziehungspflege
- Handelt besonnen, überlegt, weniger übereilt
- Nimmt Rücksicht auf die Bedürfnisse anderer
- Hat Schwierigkeiten zu delegieren, da er anderen nicht zur Last fallen möchte
- Strebt nach Zugehörigkeit und Harmonie

Erkennungsmerkmale des *Gelben* (Expressiver/Überzeuger)

- Herzlich, gefühlsbetont, lebhaft
- Offen, energisch, schwungvoll
- Besitzt eine hohe Überredungskunst und Überzeugungskraft
- Spricht gerne über sich und frei heraus
- Ist viel in Bewegung
- Unkonventionell
- Kreativ
- Wirkt auf andere positiv, optimistisch
- Legt Wert auf äußeres Erscheinungsbild
- Strebt nach Austausch mit anderen und will von ihnen bewundert werden

Welchen Nutzen habe ich als Führungskraft von dem Modell?

Wenn Sie Ihre Mitarbeiter anhand dieses Modells einschätzen können, werden Sie schnell ein anderes und besseres Verständnis für deren Verhalten gewinnen. Das Modell gibt Ihnen Aufschluss darüber, welche Ziele, Bedürfnisse und Interessen Ihre Mitarbeiter haben. Sie können viel besser einschätzen, was bei Ihren Mitarbeitern Belastungen auslösen kann. Dieses Wissen wiederum können Sie bei der Zusammenarbeit nutzen und beachten, um unnötigen Stress zu vermeiden.

Ferner verrät es Ihnen etwas über das Kontakt- und Kommunikationsverhalten und die Selbstdarstellung Ihrer Mitarbeiter.

Aber auch für Ihre persönliche Entwicklung nutzt Ihnen das Modell sehr. Es unterstützt Sie dabei, Ihre eigene Arbeitsmethodik mit Ihren Stärken und Schwächen bewusster wahrzunehmen und Zeitfresser, die sich daraus ergeben, zu erkennen und passende Verbesserungen abzuleiten.

Was sagt das Vierfarben-Modell über mein Führungsverhalten aus?

Antworten auf genau diese Frage liefern die nachfolgenden Ausführungen sowie Abb. 6 und Abb. 7.

Wenn wir nachfolgend von *Roter/Blauer/Grüner/Gelber* sprechen, meinen wir immer Menschen mit entsprechend deutlich ausgeprägten Verhaltenspräferenzen dieser Farbe. Das bedeutet nicht, dass diese Personen nicht auch andere Farbpräferenzen haben.

Ihr Führungsverhalten als *Blauer* (Denker oder Analytiker)

Als *Blauer* Typ ist Ihr Führungsverhalten durch eine hohe Fachlichkeit gekennzeichnet (Orientierung an der Sache/Aufgabe). Die Stärken Ihres Führungsverhaltens liegen in Ihrer Motivation, hohe Standards zu erreichen. Dies zeigt sich in Ihrem hohen Qualitätsanspruch – sowohl sich selbst als auch Ihren Mitarbeitern gegenüber. Um diesen zu jeder Zeit wahren und gewährleisten zu können, vermitteln Sie Ihren Mitarbeitern entsprechende Arbeitsmethoden sowie eine strukturierte Vorgehensweise. Ihren Mitarbeitern gegenüber pflegen Sie einen korrekten Umgang. Ihre Aktivitäten sind im Vorfeld von langer Hand geplant. Damit sind Sie für Ihre Mitarbeiter berechenbar.

Andererseits können Sie durch eben diesen förmlichen und korrekte Umgang und die professionelle Distanz zu Ihren Mitarbeitern auf diese undurchschaubar wirken. Außerdem können Sie sich durch Ihre rationale, introvertierte Art schwer in Konflikte und emotionale Belange seitens Ihrer Mitarbeiter einfühlen. Sie neigen dazu, sich für Mitarbeitergespräche und informelle Kontakte wie z. B. Small Talk zu wenig Zeit zu nehmen. Mit Ihren hohen Qualitätsanforderungen besteht zudem die Gefahr, dass Sie Ihre Mitarbeiter stellenweise überfordern. Sie analysieren gerne und gehen Dingen auf den Grund. Dieser Umstand kann dazu führen, dass Sie länger mit Ihren Überlegungen schwanger gehen, bevor Sie eine Entscheidung treffen. Ihrer Introversion ist es zudem zuzuschreiben, dass Sie sich schwer tun, sich selbst und Ihre Ideen im Sinne des Eigenmarketings nach außen zu verkaufen.

Ihr Führungsverhalten als *Roter* (Macher oder Umsetzer)

Haben Sie selbst die Primärfarbe *Rot*, so ist Ihr Führungshandeln eher an der Sache bzw. an den Aufgaben und weniger an der Beziehung zu Ihren Mitarbeitern orientiert. Ihre Stärken in der Führung liegen demzufolge im Wesentlichen in einer hohen Umsetzungs- und Zielorientierung. Sie sind motiviert, schnell ins Handeln zu kommen, Probleme zu lösen und in kurzer Zeit brauchbare Ergebnisse zu erreichen. Da Sie wissen, was Sie genau wie genau wollen, können Sie Ihren Mitarbeitern eine klare Orientierung geben. Ihre Anforderungen formulieren Sie klar und deutlich und falls nötig, machen Sie auch mal eine deutliche Ansage.

Sie treffen gerne Entscheidungen, setzen sich für die Sache ein und vertreten Ihre Interessen nach außen – auch gegen Widerstände.

Ihr Leitsatz, wenn es um die Führung Ihrer Mitarbeiter geht, könnte lauten: *Fördern durch Fordern*. Nicht nur sich selbst gegenüber, sondern auch Ihren Mitarbeitern gegenüber, haben Sie hohe Anforderungen. Werden diese erfüllt oder gar übertroffen, sind Sie im Gegenzug auch bereit, die Mitarbeiter zu fördern und letztlich zu binden.

Jede Stärke hat auch Ihre Kehrseite. So kann es passieren, dass Sie durch Ihren ausgeprägten Führungsanspruch und den Willen, Entscheidungen zu treffen, auf andere dominant wirken. Bei Ihren Mitarbeitern kann dieses Verhalten Druck oder auch Angst auslösen. Als Roter haben Sie gerne die Kontrolle über alles und jeden. Mit zu viel Kontrolle engen Sie Ihre Mitarbeiter jedoch ein und demotivieren Sie. Durch Ihre sehr eloquente Art und Ihre Geschwindigkeit können Sie andere schnell überfordern und ihnen das Gefühl geben, ihnen nicht richtig zuzuhören oder sie zu wenig wertzuschätzen. Außerdem kann es Ihnen durch Ihre hohe Umsetzungs- und Ergebnisorientierung passieren, dass Sie sich ausschließlich auf die Mitarbeiter fokussieren, die selbst sehr schnell und zielorientiert sind. Vorsichtigere Mitarbeiter haben bei Ihnen oft das Nachsehen und werden weniger gefördert.

Ihr Führungsverhalten als *Grüner* (Teamplayer oder Verbindlicher)

Als *Grüner* ist Ihr Führungsstil im Wesentlichen dadurch gekennzeichnet, dass Sie sich um Ihre Mitarbeiter sorgen, sich um sie kümmern und ihnen gegenüber Verständnis zeigen. Diese Führungsstärke spielen Sie aus, indem Sie

Ihren Mitarbeitern gegenüber immer ein offenes Ohr haben, ihnen gut zuhören und achtsam und wertschätzend mit ihnen umgehen. Sie sind stets motiviert, ein berechenbares, organisiertes Umfeld zu schaffen. So steht Ihre Tür immer offen und Sie bieten gerne Ihre Hilfe und Unterstützung an. Ein gutes Arbeitsklima ist Ihnen sehr wichtig, so dass Sie auch gerne Zeit und Geld in die Teambildung investieren. Entscheidungen treffen Sie am liebsten konsensorientiert mit allen zusammen.

Durch dieses Bedürfnis nach Konsens und dem Wunsch, alle einzubeziehen, dauern Ihre Entscheidungen oft unnötig lange oder werden erst gar nicht getroffen – Sie haben ja noch nicht alle zu Ihrer Meinung befragt. Durch Ihr ausgeprägtes Bedürfnis nach Harmonie und Egalität, neigen Sie dazu, Ihre Erwartungen an Ihre Mitarbeiter weniger klar und eindeutig zu formulieren. Dadurch fehlt den Mitarbeitern eine klare Richtung. Auch bei Konflikten mit oder unter Mitarbeitern reagieren Sie eher zurückhaltend und verhalten. Ihnen fällt es schwer, auch einmal etwas härter durchzugreifen und Fehlverhalten zu sanktionieren. In Summe führt dies dazu, dass Sie sich Ihren Mitarbeitern gegenüber nicht klar positionieren und damit auch nicht klar erkennbar ist, dass Sie die Führungskraft sind.

Ihr Führungsverhalten als *Gelber* **(Expressiver oder Überzeuger)**

Wenn Sie selbst eher extravertiert und emotional sind, spiegelt sich dies in Ihrem Führungsstil häufig folgendermaßen wieder: Sie motivieren und ermutigen Ihre Mitarbeiter, indem Sie sich bewusst Zeit für informelle Gespräche nehmen, ihnen Freiraum ermöglichen und sie gerne an Entscheidungen beteiligen. Sie gehen gerne offen in den Austausch und schätzen die Ideen Ihrer Mitarbeiter wert. Durch Ihren Humor und Ihre positive Grundhaltung vermögen Sie, Ihre Mitarbeiter schnell für sich zu gewinnen und zu überzeugen.

Durch Ihren Hang zu neuen, kreativen Ideen können Sie auf Ihre Mitarbeiter auch verwirrend, weil sprunghaft wirken. Während Sie gestern noch Variante A toll fanden und alles daran gesetzt haben, diesen Weg weiter zu verfolgen, haben Sie heute Morgen Idee B im Kopf gehabt, die Sie nicht mehr loslässt. Von Ihren Mitarbeitern erwarten Sie natürlich, dass diese begeistert mitziehen. Dieses mitunter impulsive Verhalten kann bei Ihren Mitarbeitern allerdings Angst und Demotivation auslösen. Ihre Sprunghaftigkeit führt oftmals auch dazu, dass Sie wenig konsequent führen und sich auch zu wenig durchsetzen. Ihre Mitarbeiter vermissen Ihre fachliche und qualitative Anleitung. Die gilt insbesondere für junge, neue oder in der Erstfarbe *Blaue* Mitarbeiter. Auch fehlende Steuerung und Kontrolle gehören zu Ihren persönlichen Entwicklungsfeldern als Führungskraft.

Die Abb. 6 und die Abb. 7 fassen die obigen Ausführungen nochmals zusammen. Sie geben Ihnen nicht nur Aufschluss, was Ihr Führungsverhalten in Abhängigkeit Ihres Farbtyps kennzeichnet, sondern auch, wo mögliche Stärken und Schwächen in der Führung liegen.

Abb. 6: Die 4 Farbtypen und ihr Führungsverhalten

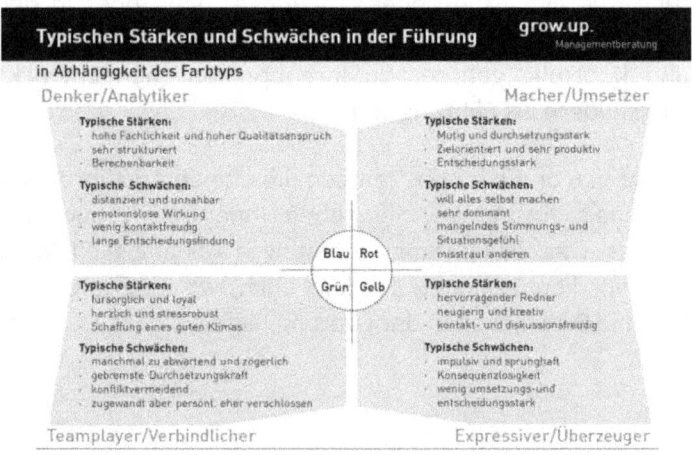

Abb. 7: Typische Stärken und Schwächen in der Führung in Abhängigkeit des Farbtyps

Wie kann ich als Führungskraft meine verbale und nonverbale Wirkung verbessern?

Als *Blauer* (Denker oder Analytiker)

Sie können Ihre nonverbale Wirkung auf Ihr Gegenüber verbessern, indem Sie mehr Bewegung ins Spiel bringen. Nutzen Sie mehr Mimik und Gestik. So verhindern Sie, dass Sie zu statisch wirken. Setzen Sie Ihre Hände ein, um Ihren Aussagen mehr Lebendigkeit und mehr Kraft zu verleihen. Als Denker neigen Sie dazu, sich zu sehr auf Inhalte, Zahlen, Daten und Fakten zu konzentrieren und laufen dabei Gefahr, Ihre Gesprächspartner zu verlieren. Daher gilt: Halten Sie Blickkontakt.

Verbal können Sie Ihre Wirkung erhöhen, wenn Sie weniger *fachsimpeln* und mehr in Beispielen und Bildern sprechen. So sprechen Sie auch die emotionalen Typen *Grün* (Teamplayer) und *Gelb* (Expressiver) an. Noch mehr Wirkung erzielen Sie, wenn Sie Ihre Gesprächspartner direkt ansprechen und dazu einladen, sich zu beteiligen. Nehmen Sie Ihre Zuhörer mit, indem Sie wichtige Kernaussagen visualisieren.

Als *Roter* (Macher oder Umsetzer)

Ihre hoch ausgeprägte Ziel- und Ergebnisorientierung zeigt sich auch in Ihrem nonverbalen Verhalten. Versuchen Sie Dominanz- (z. B. ausladende, raumeinnehmende Bewegungen) und Ungeduldsgesten (z. B. Spielen mit einem Stift) und -mimik (z. B. Pokerface) zu vermeiden. Wählen Sie außerdem eine angemessene Lautstärke. Und nicht zu vergessen – lächeln Sie öfter. Es wird positiv auf Sie zurückfallen.

Wenn Sie Ihre verbale Wirkung verbessern möchten, sollten Sie empfängerorientierter argumentieren. Überlegen Sie sich, wen Sie vor sich haben und justieren Sie Ihre Kommunikation entsprechend. Achten Sie vor allem bei den beiden emotionalen Typen (*Grün* – Teamplayer und *Gelb* - Expressiver) darauf, sich Zeit für das Gespräch zu nehmen, aktiv zuzuhören und Verständnis zu zeigen. Vermeiden Sie es, Einwände und Bedenken schnell *wegzuwischen* oder überzogene Behauptungen aufzustellen.

Als *Grüner* (Teamplayer oder Verbindlicher)

Um Ihre nonverbale Wirkung zu erhöhen, sollten Sie besonders auf Ihre Körperhaltung achten. Halten Sie Körperspannung und nehmen Sie einen symmetrischen Stand ein, ohne dabei unnatürlich oder angestrengt zu wirken. Dabei sollten die Ellenbogen möglichst frei sein. Sie sollten zudem größere Bewegungen machen und mit Ihrer Stimme und Sprechweise variieren, um auf Ihr Publikum nicht statisch zu wirken. Versuchen Sie außerdem, dem Blick Anderer standzuhalten.

Indem Sie Ihren Standpunkt klar äußern und den Fokus auf die wichtigen Punkte lenken, können Sie Ihre verbale Wirkung erhöhen. So sprechen Sie auch die rationalen Typen *Blau* (Denker) und *Rot* (Macher) an. Diese wollen nämlich Fakten hören und kein *um den heißen Brei-Gerede*. Vermeiden Sie außerdem Weichmacher (wie z. B. würde, könnte, eigentlich) und nutzen Sie eine positive Sprache. Lassen Sie sich von Einwänden nicht verunsichern und versuchen Sie, weniger emotional zu reagieren.

Als *Gelber* (Expressiver oder Überzeuger)

Zur Verbesserung Ihrer nonverbalen Wirkung sollten Sie darauf achten, ruhige Bewegungen zu machen und versuchen, Ihre Mimik und Ihre Emotionen zu kontrollieren. Manchmal ist weniger mehr! Versuchen Sie, zwischendurch immer mal wieder Pausen zu machen, um durchzuatmen. Zudem sollten Sie Bewegungsfreiheit sicherstellen und Ihre Hände am besten in der Körpermitte halten.

Sie können Ihre verbale Wirkung verbessern, indem Sie kürzere Sätze benutzen und konkrete Aussagen machen, die Sie mit Zahlen, Daten und Fakten belegen. Besonders bei den beiden rationalen Typen *Blau* (Denker) und *Rot* (Macher) kommt dies gut an. Noch mehr Wirkung erzielen Sie, wenn Sie eine formellere Sprache benutzen und bei Ihren Aussagen weniger übertreiben. Setzen Sie Ihre Argumente dosiert ein und liefern Sie ein Argument nach dem anderen.

In den Abbildungen 8 und 9 sind die Empfehlungen zur Verbesserung der eigenen nonverbalen und verbalen Wirkung noch einmal zusammengefasst.

Abb. 8: Die eigene nonverbale Wirkung verbessern

Abb. 9: Die eigene verbale Wirkung verbessern

Wie kommuniziere ich mit den unterschiedlichen Typen?

Kommunikation ist Ihr wichtigstes Führungsinstrument. Daher sollten Sie als Führungskraft verschiedene Formen der Kommunikation beherrschen. Besonders von Vorteil ist es, wenn Sie in der Lage dazu sind, mit den unterschiedlichen Farbtypen entsprechend zu kommunizieren und sich vor sowie in Gesprächen auf diese einzustellen.

Der *Blaue* (Analytiker oder Denker)

Wenn Sie mit einem *Blauen* kommunizieren, bereiten Sie sich gut auf das Gespräch vor, indem Sie sich die wichtigsten Punkte, die Sie besprechen wollen, notieren sowie überzeugende Fakten zurechtlegen. Machen Sie sich darauf gefasst, auch Detailfragen gestellt zu bekommen und bleiben Sie stets beim Thema. Vermeiden Sie es, zwischen verschiedenen Sachverhalten hin- und herzuspringen. Der *Blaue* ist sehr strukturiert und könnte an Ihrer Glaubwürdigkeit als Führungskraft zweifeln, wenn Sie eher unstrukturiert vorgehen. Geben Sie dem *Blauen* das Gefühl, dass Sie ihn ernst nehmen. Er wird sicherlich hier und da schon mal Einwände vorbringen und Dinge anders sehen als Sie. Geben Sie ihm stets detaillierte Antworten und erkennen Sie gleichzeitig sein Expertenwissen an. Hierdurch zeigen Sie Ihre Wertschätzung. Ihr Mitarbeiter wird es zu schätzen wissen, Sie gerne wieder um Rat fragen und Ihre Hilfe annehmen. Zusammenfassend kann man sagen, dass dieser Farbtyp sich von Ihnen als Führungskraft klare Anweisungen und Instruktionen und die Zeit wünscht, ihm auch differenzierte Fachfragen zu beantworten.

Was ein *Blauer* dagegen nicht mag, ist, wenn Sie ihm seine Fragen – und davon hat er in der Regel sehr viele – nur ungenau beantworten. Da er sehr detailverliebt ist, wünscht er sich auch von Ihnen diese Affinität zum Detail. Nehmen Sie sich also kurz die Zeit, um ihm seine Fragen zu beantworten. Natürlich sollten Sie auch irgendwann Grenzen setzten und ihm verständlich machen, dass Sie sich gerne ein anderes Mal mit ihm hinsetzen und noch näher auf den Sachverhalt eingehen werden.

Der *Blaue* wird Ihnen nur ungerne von persönlichen Dingen erzählen. Da er eher introvertiert ist, fällt es ihm schwer, sich zu öffnen. Geben Sie ihm hierfür ein wenig Zeit. In der Regel wird er irgendwann merken, dass er Ihnen vertrauen kann und sich hierdurch immer weiter öffnen.

Der *Rote* (Macher oder Umsetzer)

Ganz anders sollten Sie mit einem *Roten* kommunizieren. Der *Rote* bevorzugt es, wenn Sie ihm direkte, kurze und prägnante Antworten geben. Bieten Sie ihm bestenfalls Alternativen und Wahlmöglichkeiten. Hierdurch geben Sie dem *Roten* das Gefühl, dass er selber entscheiden kann und motivieren ihn dadurch. Ihre Herausforderung hierbei besteht darin, dass Sie ihn zwar selber entscheiden lassen, wo es möglich ist, jedoch müssen Sie ihm immer wieder aufzeigen, dass Sie die Führungskraft sind und im Zweifel Ihr Wort mehr zählt. Sie sollten also nicht zu schnell nachgeben, seine Standpunkte jedoch auf- und ernst nehmen. Fassen Sie am Ende eines Gesprächs das Ergebnis noch einmal zusammen und betonen Sie, was die nächsten Schritte sind.

Der *Rote* mag es hingegen nicht, wenn Sie unentschlossen wirken und sich eher auf das Problem anstatt auf die Lösung fokussieren. Vermeiden Sie es zudem, zu viele Details zu präsentieren und Entscheidungen über seinen Kopf hinweg zu treffen.

Der *Grüne* (Teamplayer oder Verbindlicher)

Wenn Sie mit einem *Grünen* zusammenarbeiten, sollten Sie bei Ihrer Kommunikation darauf achten, immer aufrichtig, offen und ehrlich zu sein. Der *Grüne* mag es, wenn Sie ihm aufmerksam zuhören und auf seine Bedenken eingehen. So fühlt er sich von Ihnen angenommen und akzeptiert. Versuchen Sie, stets geduldig zu sein, denn hierdurch fühlt der *Grüne* sich in Ihrer Gegenwart wohl und dies wiederum steigert seine Motivation, sich voll und ganz für das Team einzusetzen.

Was Sie dahingegen vermeiden sollten, ist, in Ihren Gedanken abrupt zu springen und dabei Ihren Mitarbeiter nicht ausreden zu lassen. Dies kann dazu führen, dass er verunsichert ist und das Gefühl hat, dass Sie ihn übergehen und nicht als Teammitglied akzeptieren. Falls Sie in Ihrem Führungsverhalten öfters dominant auftreten, versuchen Sie, sich ein wenig zurückzunehmen. Dieses Verhalten kann Angstgefühle bei einem Teamplayer auslösen.

Der Expressive oder Überzeuger

Mit dem Überzeuger können Sie wie folgt kommunizieren: Seien Sie ihm gegenüber in Ihrer Kommunikation stets offen, freundlichen und herzlich. Strahlen Sie Ihre Begeisterung für das gemeinsame Projekt aus. Den Überzeuger motiviert es sehr, wenn Sie ihn und seine Ideen anerkennen. Er ist extravertiert und emotional und daher schnell für eine Sache zu begeistern. Nutzen Sie seinen Ideenreichtum und entwickeln Sie mit ihm gemeinsam neue Themen, die Sie in der Zukunft angehen wollen. Besonders glücklich machen können Sie den Gelben, indem Sie nun auch noch das Neue, Besondere, Ungewöhnliche betonen.

Wichtig ist, dass Sie bei diesem Mitarbeitertyp darauf achten, ihn nicht mit zu vielen Fakten zu langweilen, ihm nicht von oben herab zu beggenen oder mit ihm zu förmlich zu agieren. Er bevorzugt eher eine lockere Gesprächsatmosphäre und Kommunikation. Dabei baut er auch gerne zwischenmenschliche Beziehungen auf.

Abb. 10: Erfolgreiche Kommunikation mit den 4 Farbtypen – Do´s

Abb. 11: Erfolgreiche Kommunikation mit den 4 Farbtypen – Don'ts

Wie führe ich die unterschiedlichen Farbtypen?

Blaue Mitarbeiter führen (Analytiker/Denker)

Dadurch, dass sich der *Blaue* gerne in Details verliert, besteht bei ihm die Gefahr, dass er sich an Kleinigkeiten festbeißt und nicht zum Abschluss einer Sache kommt. Hinzu kommt bei ihm noch, dass er durch seine Introvertiertheit zu wenig in den Austausch mit anderen geht und andere nur selten nach Lösungen und Herangehensweisen befragt. Unterstützen Sie ihn als Führungskraft, indem Sie ihm ein striktes Zeitlimit setzen und ihn dazu verpflichten, die Aufgabe rechtzeitig zu beenden. Machen Sie ihm deutlich, dass in vielen Situationen *erledigt* besser als *fertig* ist, insbesondere, wenn es darum geht, Termine einzuhalten. Empfehlen Sie ihm, mehr in den Austausch mit anderen zu gehen. Zeigen Sie ihm die Vorteile auf. Der Austausch mit anderen kann dazu führen, dass er weitere Ideen generieren kann, andere Sichtweisen und Meinungen einholt und somit insgesamt zu einem schnelleren und besseren Ergebnis kommen kann. Ermuntern Sie ihn außerdem, Teilaufgaben bereits zu beginnen, auch wenn Informationen für die Gesamtaufgabe noch fehlen.

In Stresssituationen kommt der Analytiker schnell, wenn es ihm bei einer Aufgabe an Information, Struktur und Logik fehlt. Er muss stets das Gefühl haben, dass eine Aufgabe logisch und sinnvoll ist. Nur dann kann er sie mit vollem Ehrgeiz ausführen. Genauso wenig wie eine fehlende Logik mag er es, wenn man ihn bei einer Aufgabe hetzt oder ihm keine Vorbereitungszeit gibt.

Woran erkennen Sie, dass der Analytiker gestresst ist? Er wird noch mehr Fragen stellen, als er es ohnehin sonst schon tut. Außerdem wird er sich in sein gewohntes Schneckenhaus zurückziehen und distanzieren. Er wird sich Ihnen gegenüber verschlossen und vielleicht auch gereizt zeigen.

Als Führungskraft können Sie den *Blauen* in Stresssituationen am besten dadurch unterstützen, indem Sie ihm Ihre Unterstützung anbieten. Ihre Unterstützung sollte dabei nicht nur informativ, sondern auch emotional sein. Zeigen Sie ihm, dass Sie Verständnis für seine Situation haben. Gehen Sie mit ihm gemeinsam zum Anfang der Aufgabe und analysieren mit ihm, wo die Schwachstellen liegen. Dann machen Sie ihm einige Lösungsvorschläge, wie er bestenfalls vorgehen kann.

Rote Mitarbeiter führen (Macher/Umsetzer)

Der *Rote* neigt im Gegensatz zum *Blauen* eher dazu, zu schnell in die Umsetzung zu gehen – ohne vorher genügend Details und Informationen eingeholt zu haben. Diese Schnellschüsse führen dann auch schon mal zu Doppelarbeit. Der Macher trifft am liebsten alle Entscheidungen selbst und setzt sich dabei noch unrealistische Ziele. Gute Führungsarbeit können Sie leisten, indem Sie ihn darin unterstützen, Prioritäten zu setzen. Verdeutlichen Sie ihm, dass nicht alles gleich wichtig ist. Zeigen Sie ihm beispielsweise auf, dass es Aufgaben gibt, die er durchaus delegieren kann, da diese nicht zwingend von ihm selbst erledigt werden müssen. Hilfreich ist es auch, wenn Sie mit ihm gemeinsam die Aufgaben oder Projekte durchdenken und ihm aufzeigen, was wichtig und was weniger wichtig ist. Veranlassen Sie ihn dazu, selber Pufferzeiten einzuplanen. Diese Pufferzeiten bewirken, dass er sich selbst Zeit gibt, die Dinge gründlich zu erledigen.

Faktoren, die bei einem *Roten* zu Stress führen können, sind verschwendete Zeit, der Verlust von Kontrolle und die Einschränkung der Entscheidungsfreiheit.

Sie erkennen, dass der *Rote* gestresst ist, daran, dass er sehr ungeduldig wird. Ihm wird nichts schnell genug gehen, er möchte alles noch schneller abschließen als sonst. Dazu kommt, dass er dabei noch gereizt, aggressiv und rechthaberisch wird. Sein größtes Ziel ist es, die Dinge so schnell wie möglich zum Abschluss zu bringen – manchmal auch egal, mit welcher Qualität und welche Hindernisse dabei überwunden werden müssen.

Um einen *Roten* in Stresssituationen zu unterstützen, sollten Sie ihm dabei helfen, schnelle Aktionen und Umsetzungen zu ermöglichen. Tun Sie dies nicht um jeden Preis. Aber vielleicht können Sie durch Ihre Entscheidungsgewalt, Kompetenz und Erfahrung ganz andere Hebel bedienen als Ihr Mitarbeiter selbst und dadurch die Dinge ein wenig beschleunigen. Eine Alternative ist es, dem *Roten* ein *Timeout* anzubieten. Durch seine zielorientierte Art wird er sich selbst oft überfordern und an seine eigenen Grenzen stoßen. Sorgen Sie hier präventiv durch entsprechende gesundheitliche Maßnahmen dafür, dass er sich immer wieder Erholungsphasen gönnt.

Grüne Mitarbeiter führen (Teamplayer/Verbindlicher)

Der *Grüne* ist ein freundlicher, zurückhaltender, emotionaler und einfühlsamer Mitarbeitertyp. Ihn können Sie als Führungskraft am besten unterstützen, wenn Sie geduldig seine Ziele herausfinden und betonen, wie wichtig Service und Verlässlichkeit für eine erfolgreiche Aufgabenerfüllung sind. Bieten Sie diesem Mitarbeitertyp ein stabiles, harmonisches Umfeld. Hierin wird er seine Leistung am besten entfalten können. Seien Sie gegenüber einem *grünen* Mitarbeitertypen stets aufrichtig und ehrlich und sprechen Sie auch schwierige Themen offen an. Der *Grüne* ist ein äußerst loyaler Mitarbeiter, für den Ehrlichkeit ein hohes Gut ist. Geben Sie ihm Gelegenheit, andere zu unterstützen. Zeigen Sie ihm, dass er Ihnen als Mensch wichtig ist und schätzen Sie seine Stabilität und Verlässlichkeit wert. Mit Veränderungen tut sich der *Grüne* sichtlich schwer. Bieten Sie ihm daher v. a. bei neuen, ungewohnten Aufgaben Ihre Unterstützung an und übertragen Sie die Aufgabe und die damit verbundene Verantwortung schrittweise. Geben Sie viel positives Feedback und seien Sie vorsichtig mit kritischen Rückmeldungen (vgl. Abb. 12).

Was löst bei dem *Grünen* Stress aus? Ein *Grüner* reagiert gestresst, wenn seine Werte verletzt werden, jemand sich ihm oder anderen gegenüber abwertend verhält oder wenn er selbst oder seine Teammitglieder oder auch Dritte unfair behandelt werden. Kurzfristige Planänderungen mag der *Grüne* gar nicht. Auch Unterbrechungen und Zeitdruck lösen bei ihm Stress und Unwohlsein aus. Wenn der *Grüne* in Stress gerät, zieht er sich verletzt zurück, reagiert ablehnend und unpersönlich oder zeigt sich stur und übervorsichtig. Hält der Stress länger an, ist er beleidigt, negativ und destruktiv mit der inneren Haltung *alles ist schlecht*.

Am besten können Sie Abhilfe schaffen, wenn Sie den persönlichen Kontakt zu diesem Mitarbeitertyp herstellen, um verloren gegangenes Vertrauen wiederherzustellen. Zeigen Sie ihm gegenüber Verständnis, seien Sie aufrichtig und ehrlich. Geben Sie ihm Raum und verschieben Sie Aufgaben oder Entscheidungen auf einen anderen Tag. Durch seinen Gerechtigkeitssinn, seine integrierende Art und sein Harmoniebedürfnis, ist er schnell gekränkt. Schenken Sie ihm mehr Selbstvertrauen und geben Sie ihm positives Feedback (vgl. Abb. 12).

Gelbe Mitarbeiter führen (Expressiver/Überzeuger)

Die inneren Antreiber des *Gelben* sind sozialer Kontakt, Beliebtheit und Zustimmung. Er ist motiviert, andere zu überzeugen und zu beeinflussen. Dem Überzeuger sollten Sie daher idealerweise Aufgaben übertragen, für die eine hohe Kontaktorientierung und Verhandlungsgeschick nötig sind.

Die Kehrseite der Medaille ist hingegen, dass der *Gelbe* sich allzu gerne mit anderen unterhält, Stories erzählt und beim Plaudern die Zeit vergisst. Er neigt zum kreativen Chaos und kann sich schnell in seinen Gedanken und Ideen verlieren. Außerdem springt er oft zwischen Themen und Aufgaben hin und her. Von klaren Strukturen hält dieser Mitarbeitertyp nicht viel, auch Prioritäten setzen ist nicht wirklich sein Ding. Es verwundert also nicht, dass der *Gelbe* viele verschiedene Aufgaben und Projekte anfängt, aber nur sehr wenige davon zu Ende bringt. Daher helfen Sie ihm am meisten, wenn Sie klare Absprachen mit diesem Mitarbeiter treffen. Eine davon sollte lauten, Angefangenes erst zu beenden und dann erst Neues zu beginnen. Hierfür ist es wiederum hilfreich, wenn Sie an ihn delegierte Aufgaben schriftlich fixieren und ihm helfen, einen realistischen Zeitplan zu erstellen. Vermeiden Sie es, ihn in seiner Arbeit zu unterbrechen. Der *Gelbe* lässt sich nur zu gerne ablenken. Achten Sie daher auf ein ergebnisorientiertes Vorgehen und darauf, ihn zwischendurch immer wieder auf das zu erreichende Ziel auszurichten.

Wann ist der *Gelbe* gestresst und was können Sie als Führungskraft dann tun? Stressauslöser für den *Gelben* sind Einschränkungen seiner Flexibilität, seiner sozialen Interaktionen mit anderen Menschen, des Spaßfaktors, ebenso wie persönliche Ablehnung und Ausgrenzung. Ist der *Gelbe* gestresst, so ist es gut möglich, dass er schon mal überreagiert, indem er über das Ziel hinausschießt. Er kann dann starrsinnig wirken, streitlustig und impulsiv. Auch neigt der gelbe Typ in stressigen Situationen dazu zu dramatisieren. Was also können Sie als Führungskraft tun, um diesem Verhalten entgegenzuwirken?

Lassen Sie ihm Handlungsspielraum, helfen Sie ihm, sein Gesicht zu wahren oder lenken Sie ihn gegebenenfalls von der stressauslösenden Situation/Aufgabe/Projekt ab.

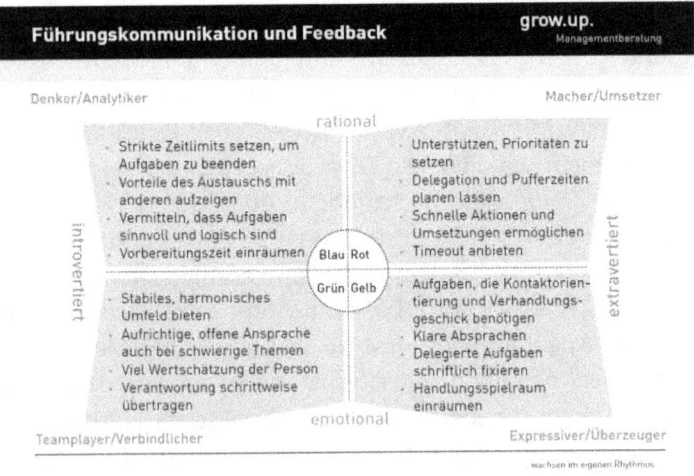

Abb. 12: Führungskommunikation und Feedback

Wie kann ich das Modell für bessere Teamarbeit nutzen?

Erfolgreiche Teamarbeit ist Beziehungsarbeit. Die Botschaft lautet daher: Jedes Teammitglied bringt seine Talente und Stärken in das Team ein und leistet damit einen Beitrag zur Zielerreichung Ihres Teams.

Der Erfolg eines Teams ist also unmittelbar abhängig von gegenseitigem Verständnis, positiver Zusammenarbeit und der Fähigkeit, unterschiedliche Persönlichkeiten intelligent in der gemeinsamen Aufgabenbewältigung zu nutzen. Erfahren Sie in diesem Abschnitt, wie Sie das Vierfarben-Modell dazu nutzen können, um die Effektivität Ihres Teams zu steigern.

In einem intakten und erfolgreich arbeitenden Team übernehmen einzelne Teammitglieder, je nach Situation, bestimmte Aufgaben und Tätigkeiten, oder sie werden ihnen aufgrund ihrer Fähigkeiten und Kenntnisse übertragen. So bilden sich Rollen bzw. Funktionen innerhalb des Teams heraus, wie etwa die des *Teamleiters*.

Welcher Farbtyp sich mit welchen Stärken im Team einbringen und dieses dadurch bereichern kann, zeigt der nächste Abschnitt.

Der *Blaue* (Denker/Analytiker)

Das innere Anliegen des *Blauen* Präferenztypen ist es, Dinge richtig zu machen. Und genau hierin liegt auch sein Beitrag zum Teamerfolg: Er ist ein präziser Arbeiter, der seine Aufgaben vorsichtig, aber äußerst sorgfältig, diszipliniert und gewissenhaft erledigt. Die absolute Stärke dieses Mitarbeitertyps liegt in seinen hochentwickelten analytischen Fähigkeiten, verbunden mit dem Anspruch, Entscheidungen und Handlungen basierend auf verlässlichem Datenmaterial zu treffen. Der *Blaue* ist um Objektivität bemüht und dennoch in der Lage, intuitiv erfasste Informationen mit rein faktischen Inhalten zu kombinieren. Er ist ein guter Vordenker und Planer.

Der *Rote* (Macher/Umsetzer)

Der *Rote* Menschentyp ist eine kraftvolle, fordernde und entscheidungsfreudige Persönlichkeit. Sein Beitrag für das Team liegt in seiner hohen Ziel- und Ergebnisorientierung. Er kann Dinge vorantreiben und dafür sorgen, dass Aufgaben schnell erledigt werden, entweder indem er sie selbst angeht oder indem er sinnvoll delegiert. Seine besondere Fähigkeit liegt darin, andere zur Arbeit antreiben und zu Ergebnissen führen zu können. Um Arbeit möglichst effizient zu erledigen, arbeitet er mit System. Er trifft Entscheidungen und übernimmt die Verantwortung und Kontrolle der Ergebnisse. Er ist anspruchsvoll, energisch, wettbewerbsorientiert und durchsetzungsstark. Er drängt häufig in Führungsrollen.

Gefahr: Es kann passieren, dass der *Rote* zu viel Druck macht und dann auf den Widerstand der anderen Teammitglieder stößt. Er diskutiert nicht gerne über das *Wie* und *Wenn*, dann dominiert er die Diskussion und will sich durchsetzen. Er wird schnell ungeduldig, rechthaberisch und kontrollierend. Hat er sich einmal etwas in den Kopf gesetzt, kann er auch dominant, autoritär und rücksichtslos agieren.

Der *Grüne* (Teamplayer/Verbindlicher)

Der *Grüne* ist Teamplayer. Das bedeutet nicht, dass er immer im Team arbeiten will. Wenn Menschen mit *Grüner* Verhaltenspräferenz im Team arbeiten, liegt ihnen das Wohl der Gemeinschaft sehr am Herzen. Sie fühlen sich dafür verantwortlich, dafür zu sorgen, dass es allen gut geht. Im Gegensatz zum *Roten* muss er nicht den Ton angeben, sondern übernimmt auch gerne Aufgaben, die ihm von anderen übertragen bzw. zugeteilt werden. Er unterstützt, indem er anderen Dinge abnimmt. Er hat feine Antennen und spürt, wenn es unausgesprochene Differenzen oder Konflikte gibt und ist stets bemüht, die Harmonie in der Gruppe wiederherzustellen. Er ist ein guter Zuhörer, hilft und unterstützt andere. Er ist die Konstante im Team.

Der Gelbe (Expressiver/Überzeuger)

Dieser Präferenztyp leistet ebenfalls einen wertvollen und unverzichtbaren Beitrag zum Teamerfolg: Er ist häufig kreativ und kann neue Ideen entwickeln, als sich auch für die Ideen anderer begeistern. Er schafft es, das Team auf eine Vision, auf ein gemeinsames Ziel einzuschwören und kann sie durch seine Begeisterung mitreißen. Eine weitere Stärke und wiederum ein hoher Mehrwert für den Teamerfolg ist seine Kompetenz als Netzwerker. Er ist häufig ein guter Visionär und Motivator.

Folgendes Szenario soll den Mehrwert der vier Farbtypen für den Teamerfolg nochmals plakativ, aber anschaulich zusammenfassen. Stellen Sie sich vor, die vier Farbtypen machen einen Wochenendtrip. Wer übernimmt wohl welche Aufgabe? Die Auflösung der Frage finden Sie in Abb. 13.

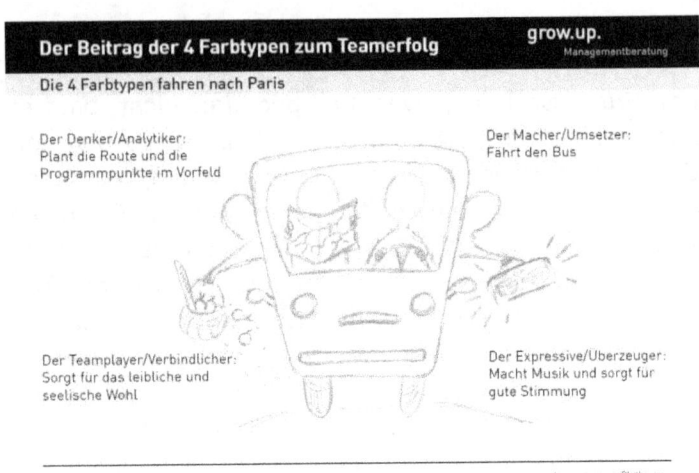

Abb. 13: Der Beitrag der vier Farbtypen zum Teamerfolg – Die vier Farbtypen fahren nach Paris

Bedenken Sie auch hier: Die meisten Menschen sind *mehrfarbig* und können – mal besser, mal schlechter – typenübergreifend agieren. Die Beobachtung der im Team vertretenen Farbtypen und -häufigkeiten hilft Ihnen, die Zusammenarbeit in Ihrem Team optimal zu gestalten. Schauen Sie sich an, wie *bunt* ihr Team ist und wer in Abhängigkeit seiner dominanten Farbe, welche Aufgabe und Funktion im Team am besten übernehmen kann.

Was tun bei Teamkonflikten?

Überall da, wo Menschen zusammenarbeiten, gibt es Nährboden für Konflikte. Manchmal geht es um den Kampf um Ressourcen, manchmal um Macht in Bezug auf eine bestimmte Position, manchmal um Entscheidungsfreiraum. Oder es geht ganz einfach um *Chemieprobleme* zwischen den beteiligten Personen. Ihre Aufgabe als Führungskraft ist es, diese Konflikte frühzeitig zu erkennen, sie transparent zu machen und zu lösen, bevor sie sich verschleppen und größer werden. Zu einer aktiven und klaren Konfliktlösung gehört es, seine eigenen Ressourcen, Gefühle und inneren Antreiber, wie auch die seiner Kollegen und Mitarbeiter zu erkennen, anzuerkennen und zu reflektieren.

Auch bei dieser Führungsaufgabe kann Ihnen das Vierfarben-Modell helfen. Denn: Der Farbtyp beeinflusst das Konfliktverhalten. So werden beispielsweise Konflikte von extravertierten Menschen wie dem *Roten* (Macher/Umsetzer) und dem *Gelben* (Expressive/Überzeuger) eher angesprochen und offener ausgetragen als von introvertierten Typen wie dem *Blauen* (Denker/Analytiker) oder dem *Grünen* (Teamplayer/Verbindlicher). Letztere sprechen Unstimmigkeiten häufig nicht direkt an, sondern zeigen ihre Abneigung non-verbal.

Viele unserer Konflikte entstehen zwischen gegenüberliegenden Typen, weil sich diese *Kreuztypen* (blau-gelb, gelb-blau, rot-grün, grün-rot) als sehr unterschiedlich wahrnehmen und erleben.

Aber auch zwischen *Gleichfarbigen* kann es Konflikte geben. So können Konflikte zwischen zwei Menschen mit der Erstfarbe *Rot*, z. B. aufgrund ihrer ausgeprägten Dominanz und Wettbewerbsorientierung entstehen. Hier besteht dann Ihre Aufgabe als Führungskraft darin, die Aufgaben- und Verantwortungsbereiche dieser beiden *Roten* Mitarbeiter klar voneinander abzugrenzen.

Das Vierfarben-Modell unterstützt Sie dabei, die unterschiedlichen Sichtweisen der betroffenen Konfliktpartner einzunehmen, zu reflektieren und zwischen ihnen zu vermitteln.

Über die in Abb. 14 dargestellten Stufen wird das gegenseitige Verständnis gestärkt und Konflikte besser und nachhaltig lösbar.

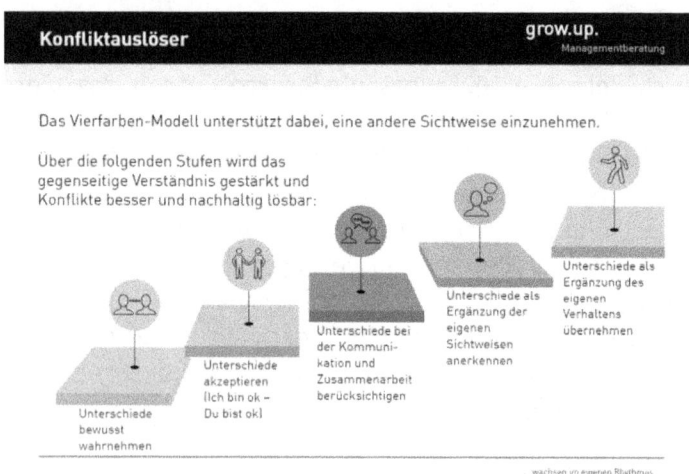

Abb. 14: Konfliktauslöser

Lassen Sie uns auf Stufe 1 beginnen und die Unterschiedlichkeit der Konfliktauslöser bei den vier Typen sowie Ihre jeweiligen Handlungsmöglichkeiten näher betrachten.

Der *Blaue* (Denker/Analytiker) hat ein starkes Bedürfnis nach Ordnung und Struktur. Durch sein Perfektionsstreben hat dieser Menschentyp häufig große Befürchtungen, Fehler zu machen. Um Fehler zu vermeiden und dem eigenen Qualitätsanspruch gerecht zu werden, holt sich der *Blaue* erst einmal so viele Informationen wie möglich zu einer Aufgabe oder einem Projekt ein und analysiert diese, bevor er handelt. Enthält man diesem Mitarbeitertypen also Informationen vor, oder geht planlos, unstrukturiert und ohne Sachverstand an eine Aufgabe/ein Projekt heran, so löst man damit höchstwahrscheinlich einen Konflikt in und mit diesem Mitarbeitertyp aus.

Der Auseinandersetzung mit einem *Blauen* können Sie gezielt entgegenwirken, indem Sie eine strukturierte Sprache verwenden, betonen, wie wichtig gute Standards und Qualität für sie sind, dem Mitarbeiter wichtige Detailinformationen geben und ihm den Sinn und Zweck einer Aufgabe/eines Projekts erklären.

Ist der *Blaue* bereits in den Widerstand gegangen, vereinbaren Sie kurze Termine, kommen Sie direkt zum Punkt und bleiben Sie möglichst sachlich. Stellen Sie sicher, dass Sie auch Details kennen. Erkennen Sie sein Expertenwissen an und äußern Sie keine Vermutungen, sondern arbeiten Sie immer mit handfesten Beweisen. Und wie kann nun konkret eine *blaue* Konfliktintervention aussehen?

Nehmen Sie das, was der *Blaue* Ihnen sagt, ernst und räumen Sie ausreichend Zeit zur Überprüfung der Sachlage ein. Verhalten Sie sich stets korrekt und sachlich im Umgang. Werden Sie bloß nicht emotional. Geben Sie dem Mitarbeiter genaue Informationen und gehen Sie selbst gründlich vor.

Konfliktbearbeitung mit dem Macher/Umsetzer

Was löst bei einem *Roten* Konflikte aus? Die innere Befürchtung des roten Typen ist es, Zeit, Macht und Einfluss zu verlieren. Daher ist es ihm besonders wichtig, schnell zu entscheiden und ins Handeln zu kommen und dieses auf ein Ziel auszurichten. Auch mit Menschen, die kein

Ziel haben oder die mehr die Probleme als die Lösung sehen, hat der *Rote* so seine Schwierigkeiten. Die Unentschlossenheit anderer ist für den *Roten* ähnlich schlimm wie das Gefühl, selbst keine Macht, keinen Einfluss mehr ausüben zu können bzw. die Tatsache, bei wichtigen Entscheidungen übergangen zu werden.

Wie können Sie Konflikten mit diesem Typen vorbeugen? Beziehen Sie ihn in Ihre Überlegungen und Entscheidungen ein. Betonen Sie dabei Ihr Interesse an einer Lösung, statt das zu berichten, was noch nicht so gut läuft. Fragen Sie Ihren Mitarbeiter, welche Lösungsideen er hat.

Wenn der *Rote* bereits Widerstand zeigt, ist es für Sie noch wichtiger, in Lösungen zu denken und zu sprechen. Solange er mit Ihnen laut diskutiert, ist er interessiert. Erst wenn dieser Typ nichts oder nur noch sehr wenig Reaktion zeigt, müssen Ihre Alarmglocken laut läuten. Behandeln Sie den *Roten* als Ihren Sparringspartner, stellen Sie seinen persönlichen Nutzen heraus und konzentrieren Sie sich auf Ergebnisse.

Wie gehen Sie mit einem *Roten* um, wenn der Konfliktfall bereits eingetreten ist? Ermöglichen Sie ihm, rasche Entscheidungen zu treffen oder sich ggf. auch eine Auszeit zu nehmen. Lassen Sie die Zügel etwas lockerer und agieren Sie nach dem Motto: *besser eine Lösung, die nicht allen gefällt, als keine Lösung.*

Was löst beim *Grünen* typischerweise Konflikte aus?

Die zentrale Befürchtung des *Grünen* ist es, unkalkulierbare Risiken einzugehen. Er ist ein Mensch, dem die Wahrung der eigenen Werte, wie auch die der Gesellschaft, in der er lebt, äußerst wichtig ist. Werden diese verletzt, er unpersönlich oder unfair behandelt, löst das in ihm Konflikte aus. Wer den *Grünen* in seiner Arbeit unterbricht, ihn unter Druck setzt oder von ihm eine schnelle Veränderung verlangt, sorgt für Zündstoff. Dem können Sie vorbeugen, indem Sie seinen Mehrwert für das Team und die Zusammenarbeit herausstellen, sich bemüht zeigen, eine gemeinsame Lösung, die allen Parteien gleichermaßen gerecht wird, zu finden. Nehmen Sie außerdem seine Sorgen, Bedürfnisse und Ängste ernst. Wenn Sie einen Konflikt mit einem *Grünen* deeskalieren möchten, dann sorgen Sie zunächst für einen guten persönlichen Kontakt. Versuchen Sie, sein Vertrauen wieder zu gewinnen, indem Sie aufrichtiges Verständnis zeigen und ihn emotional unterstützen. Und ganz wichtig: nehmen Sie Druck raus, verlegen Sie die Aufgabe oder Entscheidung auf einen anderen Tag.

Was ist die zentrale Befürchtung des Expressiven oder Überzeugers?

Das Wichtigste für den *Gelben* sind seine persönliche Freiheit und Raum für kreative Gedanken, sowie Spaß und soziale Interaktion mit anderen Menschen. Seine größte Befürchtung ist daher, den guten Kontakt mit seinen Mitmenschen zu gefährden oder seinen Entfaltungsspielraum zu verlieren. Diesen Konfliktauslösern können Sie gezielt vorbeugen, indem Sie dem *Gelben* Zeit und Raum für Ideen, Bilder, Visionen und Selbstvermarkung geben und den Spaßaspekt an der Aufgabe/dem Projekt betonen. Gestehen Sie ihm zu, unkonventionelle Lösungen zu finden.

Den Widerstand des *Gelben* überwinden Sie am besten, indem Sie hier und da auch mal ein informelles, eher persönliches Gespräch mit ihm führen und ihm ein Stück weit das Gefühl geben, etwas *Besonderes* zu sein. Im Konfliktfall geben Sie ihm Gelegenheit und Raum, seine Gefühle auszudrücken, ohne das Gesicht zu verlieren. Dies gelingt Ihnen beispielsweise, indem Sie sich selbst ein wenig öffnen und eigene Fehler zugeben oder Gefühle zeigen.

Die beiden nachfolgenden Abbildungen (15 + 16) fassen für Sie noch einmal zusammen, wie Sie mit Ihren *Kreuztypen* am besten umgehen, um Konflikte gezielt zu antizipieren.

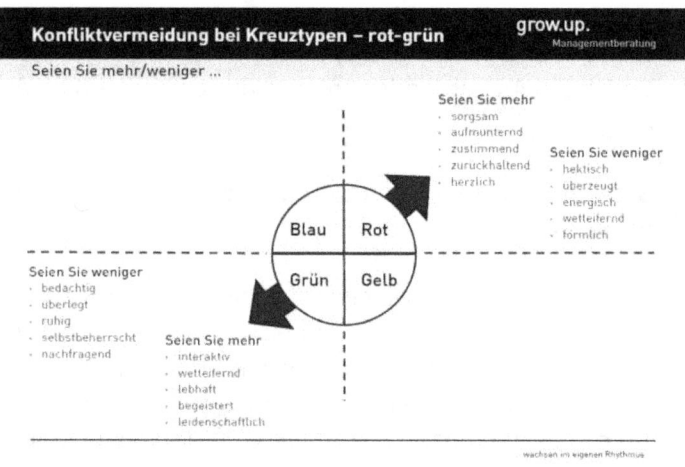

Abb. 15: Konfliktvermeidung bei Kreuztypen – rot-grün

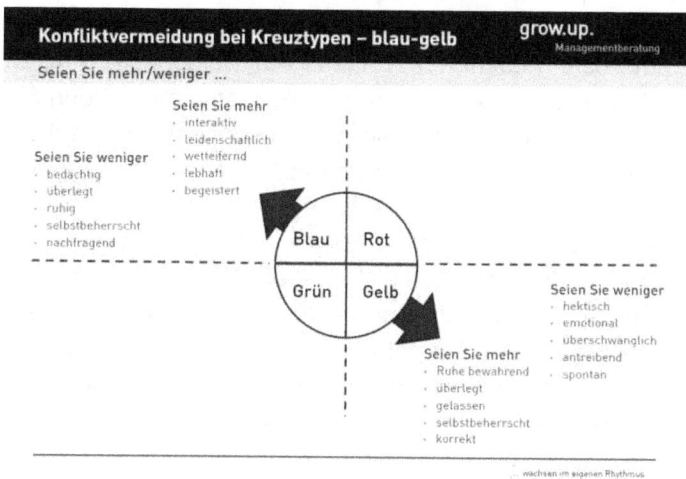

Abb. 16: Konfliktvermeidung bei Kreuztypen – blau-gelb

Niemand ist ein Menschenkenner – Bewerber schnell und treffsicher erkennen

Sie wissen bereits, wie Sie die unterschiedlichen Typen erkennen. Wenn Sie einen neuen Mitarbeiter einstellen möchten, haben Sie nur wenig Zeit, um herauszufinden, ob die Kandidatin oder der Kandidat ins Team passt. Auch hierbei kann Ihnen das Vierfarben-Modell eine wichtige Hilfe sein. Nachfolgend wollen wir uns daher typische Verhaltensweisen und Reaktionen von unterschiedlichen Bewerber-Typen ansehen.

Der *Blaue* Bewerber

Das äußere Erscheinungsbild des *Blauen* ist unkompliziert bis konservativ. Der erste Eindruck, den er wahrscheinlich auf Sie machen wird, ist korrekt und distanziert. Im Bewerbungsgespräch mit Ihnen wird dieser Typ nur wenig emotionale Reaktionen zeigen. Auf persönliche Fragen wird er in der Regel mit Unbehagen reagieren. Wenn Sie diesem Bewerber-Typ viele geschlossene Fragen stellen, werden Sie am Ende des Gesprächs nicht sehr viel mehr über diese Person wissen als zu Beginn. Denn der *Blaue* beantwortet geschlossene Fragen mit einem knappen *ja* oder *nein*. Er wird Ihnen viel über die Sache berichten und damit sein fachliches Know-How unter Beweis stellen. Über sich selbst oder sein Privatleben wird Ihnen dieser Bewerber dagegen nur wenig und eher ungern etwas verraten. Dieser Typ wird sich Ihnen gegenüber sehr aufgabenorientiert und strukturiert verhalten. Er wird seine Antworten sehr bewusst wählen und präzise formulieren. Wenn ihm etwas nicht logisch erscheint oder für ihn nicht nachvollziehbar ist, wird er durchaus kritisch nachfragen. Wenn Sie ihn nach seiner Motivation fragen, werden Sie schnell merken, dass ihn Aufgaben mit klaren Zielen und verlässlichen Vorgaben motivieren sowie Aufgaben, die analytische Fähigkeiten und Detailwissen erfordern. Außerdem wird er Ihnen berichten, dass ihm Genauigkeit und Qualität sehr wichtig sind.

Der *Rote* Bewerber

Was, wenn Sie im Auswahlprozess auf einen *Roten* Bewerber treffen? Dann wird sich Ihnen häufig folgendes Bild zeigen: Die äußere Erscheinung ist businesslike bis gestylt. Der Blickkontakt direkt oder abschätzend. Der erste Eindruck: dominant. Der Redeanteil des *Roten* wird im Vergleich zu dem des *Blauen* deutlich höher sein. Auf Fragen wird er rasche Antworten geben, denn er ist äußerst eloquent und diskussionsfreudig. Selbst, wenn dieser Kandidat die Antwort auf Ihre Frage nicht kennt, wird er sich dies nicht anmerken lassen und eine Antwort *aus dem*

Ärmel schütteln. Spätestens, wenn es zum Thema Vergütung kommt, zeigt sich, dass dieser Bewerber-Typ nicht auf den Mund gefallen ist, denn er verhandelt gerne, ist dabei sehr direkt und tritt gerne in den direkten Wettbewerb mit anderen. Seine Stimme ist bestimmt und oft lauter als die der anderen Typen. Er redet gerne und oft über Leistung und Ergebnisse. Seine Körpersprache verrät Häufig Zeichen für Ungeduld (z. B. Spielen mit einem Gegenstand, Fußwippen, etc.) und es kann ihm durchaus passieren, dass er Sie unterbricht. Es gibt jedoch auch ein Thema, das diesem Typen nicht liegt und das sind Fragen nach seiner Selbstwahrnehmung und die damit verbundene Aufgabe, sich selbst einzuschätzen. Dies fällt dem *Roten* sichtlich schwer.

Der *Grüne* Bewerber

Die Kleidung des *Grünen* ist angemessen bis unauffällig. Er wirkt einfühlsam und geduldig. Sein Blickkontakt ist freundlich und Ihnen zugewandt, seine Stimme ist eher leise und ruhig. Seine Körpersprache ist ebenfalls ruhig und zurückhaltend. Auf Fragen Ihrerseits antwortet er langsam und eher zögerlich. Im Vergleich zum *Roten* und *Blauen* redet er gerne über Menschen und Probleme, statt über Leistung und Ergebnisse bzw. Zahlen und Details. Der Redeanteil des *Grünen* ist – ähnlich dem des *Blauen* – deutlich geringer. Denn: Der *Grüne* hört gerne zu und gibt wenig von sich preis. Üben Sie in der Bewerbungssituation zu viel Druck auf diesen Typ aus, zieht er sich noch weiter in sein Schneckenhaus zurück. Er muss erst Vertrauen fassen, um sich einer Person öffnen zu können. Hierfür braucht er Zeit. Wichtige Antreiber sind für ihn die Arbeit als solche und die Atmosphäre und Stimmung im Team. Harmonie ist diesem Bewerber-Typ äußerst wichtig. Um gut arbeiten zu können, sind für den

Grünen außerdem folgende Faktoren wichtig: Gute Beziehungen, Loyalität und Fairness. Sein Verhalten ist vermittelnd, hilfsbereit und teamorientiert.

Der *Gelbe* Bewerber

Der Kleidungsstil des *Gelben* ist sportlich bis modisch. Er tritt energisch und schwungvoll auf und wirkt insgesamt freundlich. Sein Blickkontakt ist herzlich, seine Körpersprache offen. Seine Stimme gefühlsbetont und lebhaft. Auf Fragen antwortet er frei heraus. Wenn er zu lange zuhören muss, schweift er ab oder wird unruhig. Dieser Bewerber-Typ hat ein hohes Mitteilungsbedürfnis und redet oft und gerne von Erlebnissen und Menschen. Dabei ist er eher unstrukturiert und schweift gerne mal vom Thema ab. Er weiß mit Bildern mehr anzufangen als mit Zahlen, Daten und Fakten und verwendet selbst gerne eine lebendige bildhafte Sprache. Er wird deutliches Interesse an den Menschen zeigen, mit denen er zusammenarbeiten soll. Denn um gut arbeiten zu können, braucht er die Beachtung, wenn nicht sogar die Anerkennung und Bewunderung der anderen. Durch seinen Ideenreichtum und seine hohe Kontaktorientierung versteht er es, andere für seine Belange zu begeistern. Um motiviert zu bleiben, benötigt dieser Typ Aufgaben mit der Möglichkeit, sich zu präsentieren und zu repräsentieren. Gibt man dem *Gelben* zu lange zu viele Routineaufgaben, wird er sich nach einer neuen Aufgabe oder gar nach einem neuen Job umsehen.

Wie verhandle ich erfolgreich mit Bill Gates und Thomas Gottschalk?

Sie können das Vierfarben-Modell nicht nur zur Ansprache, Auswahl und Steuerung Ihrer Mitarbeiter, sondern auch für erfolgreiche Verhandlungen nutzen.

Verhandeln gehört für die meisten Führungskräfte zum Tagesgeschäft. Ob Sie beim Lieferanten einen niedrigeren Preis erzielen möchten, dem eigenen Vorgesetzten die neue Projekt-Struktur erklären müssen oder Ihre Mitarbeiter Sie um eine Gehaltserhöhung bitten – ohne Verhandlungskompetenz können Sie Ihrer Funktion als Führungskraft nicht hinreichend gerecht werden.

Nachfolgend erfahren Sie, wie Sie das Vierfarben-Modell für erfolgreiche Verhandlungen nutzen können. Sie lernen, wie Sie den unterschiedlichen Persönlichkeitstypen in Verhandlungssituationen begegnen können und welche Strategien für Sie hilfreich sind, um gute Ergebnisse zu erzielen.

Sie verhandeln gerne, haben aber häufig das Gefühl, Ihr Gesprächspartner ist übervorsichtig und distanziert? Dann haben Sie es wohl mit einem *Blauen* (Denker oder Analytiker) zu tun und sollten folgendermaßen vorgehen:

Bereiten Sie sich gut auf die Verhandlung vor. Holen Sie alle wichtigen (Hintergrund-)Informationen ein. Erscheinen Sie pünktlich zum Termin. In der Verhandlung selbst ist folgendes Verhalten erfolgversprechend:

1. Stellen Sie sich auf (kritische) Nachfragen, einen messerscharfen Verstand und ein großes Bedürfnis nach Detailwissen ein.

2. Bleiben Sie fokussiert und zeigen Sie Ihre Expertise, so schaffen Sie eine persönliche Ebene.

3. Der *blaue* Verhandlungspartner schätzt den nachweisbaren Nutzen sowie ein logisches, präzises und ruhiges Vorgehen. Legen Sie sich also vor dem Gespräch eine Struktur zurecht und konzentrieren Sie sich dabei auf Zahlen, Daten, Fakten.

4. Erwarten Sie keine schnelle Entscheidung und rechnen Sie mit (weiteren) Fragen im Nachgang.

Wenn Sie das Gefühl haben, Ihr Verhandlungspartner tritt entschlossen und durchsetzungsstark auf, handelt es sich vermutlich um einen *Roten* (Macher oder Umsetzer). Gehen Sie bei diesem Typen wie folgt vor:

1. Bereiten Sie sich auf tempogeladene Fragen und hohe Anforderungen vor.

2. Kommen Sie direkt zum Punkt, indem Sie sich kurz fassen, auf das Geschäftliche konzentrieren und ihn schnell wieder seinem Tagesgeschäft nachgehen lassen.

3. Nennen Sie das Kind beim Namen und sprechen Sie in Bezug auf Kosten, Nutzen und Maßnahmen Klartext. Der *Rote* Verhandlungspartner ist daran interessiert, Produkte/Prozesse/Dienstleitungen schneller, billiger

und besser zu machen. Außerdem will er zwischen Handlungsmöglichkeiten wählen können. Also: Bieten Sie ihm Alternativen an.

4. Zeigen Sie Selbstbewusstsein und treiben Sie den Vertragsabschluss aktiv voran. Machen Sie sich die Entscheidungsfreude des *Roten* zunutze.

Ist Ihr Gesprächspartner eher introvertiert und möchte mit Ihnen einen persönlichen Kontakt herstellen, handelt es sich wahrscheinlich um einen *Grünen* (Teamplayer oder Verbindlicher). Beachten Sie dann folgende Punkte:

1. Gehen Sie offen auf ihn zu. Verhalten Sie sich ruhig, seien Sie entspannt.

2. Zeigen Sie Empathie, verhalten Sie sich aufrichtig, ehrlich und üben Sie sich in Geduld – versuchen Sie keinen schnellen Vertragsabschluss. Überraschungen – wie etwa plötzliche Änderungen der Vertragsbedingungen – werden abgelehnt.

3. Zeigen Sie Ihre Vorteile auf und vergessen Sie nicht, dem Ganzen eine persönliche Note zu verleihen. Vertrauen spielt für den *Grünen* Kunden eine große Rolle.

4. Erzeugen Sie eine freundliche Atmosphäre und geben Sie Ihrem Vertragspartner Zeit, um in Ruhe zu überlegen.

Wie gewinnen Sie einen *Gelben* Verhandlungspartner für sich?

1. Zeigen Sie sich freundlich, enthusiastisch, umgänglich und kontaktfreudig.

2. Überlassen Sie ihrem Vertragspartner das Wort (der *Gelbe* redet lieber selbst) und stellen Sie das Geschäftliche erst einmal hinten an. Denn: Bevor Sie diesen Persönlichkeitstyp von einem Deal überzeugen können, müssen Sie ihn von sich überzeugen. Dies kann Ihnen beispielsweise über einen Witz oder eine Anekdote, die mit dem Geschäftlichen nichts zu tun haben, gelingen.

3. Erzeugen Sie in Ihrem Gegenüber eine positive Vision, begeistern Sie ihn von Ihren innovativen und modernen Produkten/Dienstleistungen oder Ihrem Unternehmen. Sprechen Sie in Bildern, bleiben Sie positiv und zeigen Sie Möglichkeiten, keine Befürchtungen auf.

Wenn Sie in Ihren künftigen Verhandlungen die vier Typen unterscheiden, wird sich Ihre Trefferquote in Ihren Gesprächen vervielfachen, die Beziehung zu Ihren verschiedenen Gesprächspartnern ist leichter herstellbar.

Schlusswort

Durch dieses Booklet aus der grow.up.-Reihe *Führung TO.GO.* haben Sie gelernt, wie Sie Ihren Führungsstil an die *Individualität* Ihrer Mitarbeiter und Gesprächspartner anpassen können. Dazu gehört unter anderem, dass Sie nun erkennen können, welcher Verhaltenstyp Ihr Mitarbeiter ist, welche Formen der Kommunikation die unterschiedlichen Typen bevorzugen, was Sie bei der Teamarbeit mit den unterschiedlichen Verhaltenstypen beachten sollten und wie sich Konflikte zwischen den Typen gezielt antizipieren lassen.

Außerdem können Sie nun besser bewerten, welcher Persönlichkeitstyp im Bewerbungsgespräch vor Ihnen sitzt und ob dieser zur Stelle und in Ihr Team passt. Sie wissen, wie Sie Ihre Wirkung auf andere verbessern und wie Sie das Vierfarben-Modell für eine erfolgreichere Verhandlungsführung nutzen können.

Auch, wenn es an der einen oder anderen Stelle sicherlich noch Vertiefungsbedarf gibt, sollten Sie nun mit den vielen verschiedenen Einsatzmöglichkeiten des Vierfarben-Modells so vertraut sein, dass Sie dieses individuell für sich nutzen können, um zukünftig noch erfolgreicher zu führen.

Weitere Informationen

In unserem Kunden-Login auf unserer Homepage können Sie sich **weiterführendes Material zu Ihrer Verwendung downloaden**. Verwenden Sie hierfür die nachfolgenden Login-Daten unter **https://kl.grow-up.de/wp-login.php**:

Benutzername: VierfarbenModell
Passwort: erfolgreichführen

Informationen zu verschiedenen Führungsthemen finden Sie auch auf unserer Seite unter **www.grow-up.de**.

Abonnieren Sie unseren Blog unter **blog-grow-up.de**. Wir schreiben regelmäßig zu Management-, Führungs- und Personalthemen, heiß diskutierten Tools, wie z. B. Design Thinking, Digitalisierung und vielen weiteren für Sie relevanten und interessanten Themen.

Entdecken Sie die E-Learning Kurse in unserer grow.up. Academy **www.academy.grow-up.de**.

Auch in den sozialen Medien sind wir vertreten. Gerne bleiben wir so mit Ihnen in Kontakt.

Unseren **YouTube-Kanal** finden Sie unter folgendem QR-Code:

  Hier finden Sie **weiterführende Videos.**

Oder besuchen Sie uns auf **Facebook** oder **Instagram**:

Senden Sie uns Ihre Meinung/Anmerkungen/ Fragen zu unserem Buch entweder per Mail an **lorenz@grow-up.de** oder machen Sie uns die Freude, und hinterlassen Sie uns Ihre Rezension direkt auf amazon.de.

Ihre Rezension

Vielen Dank!

Literaturempfehlungen

Führung

Eichsteller, H. & Lorenz, M.: Fit für die Geschäftsführung im digitalen Zeitalter. Souveräne Performance in 8 Schritten. Frankfurt a. M.: Campus Verlag, 2019

Lorenz, M.: Generation Young – Wie sie denkt. Wie sie arbeitet. Göttingen: BusinessVillage, 2019

Lorenz, M.: Digitale Führungskompetenz. Wiesbaden: Springer Gabler Verlag, 2019

Lorenz, M., Rohrschneider, U.: Praxishandbuch Mitarbeiterführung. 4. Aufl. Freiburg: Haufe-Lexware Verlag, 2022

Lorenz, M., Rohrschneider, U.: Praktische Psychologie für den Umgang mit Mitarbeitern. 2 Aufl. Wiesbaden: Springer Gabler Verlag, 2014

Pflichtenhöfer, S., Rohrschneider, U.: Führung und Mitarbeitermotivation: Was in schwierigen Zeiten sinnvoll und machbar ist. Kulmbach: mgo fachverlage GmbH & Co. KG, 2024

Rohrschneider, U.: Sinnhaft führen: Mehr Leistungsfreude mit weniger Führungsaufwand. Wiesbaden: Springer Gabler Verlag, 2020

Personalmanagement

Gutmann, J., Lorenz, M.: HR-Storytelling: Die Macht von Geschichten nutzen für Recruiting, Employer Branding, Learning und Karriere: Haufe-Lexware Verlag, 2024

Lorenz, M., Rohrschneider, U.: Der Personalentwickler. Wiesbaden: Gabler Verlag, 2010

Lorenz, M., Rohrschneider, U.: Erfolgreiche Personalauswahl. Wiesbaden: Gabler Verlag, 2015

Rohrschneider, U., Friedrichs, S., Lorenz, M.: Erfolgsfaktor Potenzialanalyse. Wiesbaden: Gabler Verlag, 2010

Rohrschneider, U., u.a.: ERFOLGSERPROBTE EINSTELLUNGSINTERVIEWS. Göttingen: BusinessVillage, 2016

Entdecken Sie weitere spannende und hilfereiche Bücher der **grow.up.-Reihe** *Führung TO.GO.* auf amazon.de:

- Junge Generationen wirksam führen, ISBN: 979-8308001089
- Erfolgreiche Führung durch Storytelling, ISBN-13: 979-8337841717
- Erfolgreiche Führung durch Resilienz und Stressmanagement, ISBN: 979-8328985710
- Wertschätzung als Instrument guter Führung, ISBN: 979-8322682387
- Coachingkompetent als Führungskraft, ISBN: 979-8393644987

- Professionelle Personalauswahl und -entwicklung, ISBN: 978-1516867226
- Erfolgreiche Führung durch Selbstführung, ISBN: 978-1523421688
- Erfolgreiche Führung durch Motivation, ISBN: 978-1517749477
- Erfolgreiche Führung durch Kommunikation, ISBN: 978-1523423682
- Feedbackkompetenz für Führungskräfte, ISBN: 978-1548914868
- Erfolgreiche Führung durch Delegation, ISBN: 978-1518717291
- Erfolgreiches Verhandeln für Führungskräfte, ISBN: 978-1544271309
- Agilität einfach erklärt, ISBN: 979-8610628653
- Scrum einfach erklärt, ISBN: 979-8619242232
- Design Thinking einfach erklärt, ISBN: 979-8652370466

Die Autoren

Michael Lorenz ist Geschäftsführer der grow.up. Managementberatung GmbH in Gummersbach. Vorher war er langjährig Geschäftsführer und Partner der Kienbaum Management Consultants GmbH und leitete den Geschäftsbereich Human Resources Management.

Michael Lorenz berät nationale und internationale Kunden seit 1988 in Fragen der Strategie, der Personalentwicklung und der Management-Diagnostik. Schwerpunkte seiner Arbeit liegen in der Prozessbegleitung und Moderation von strategischen Neuausrichtungs- und Umstrukturierungsprozessen sowie in der Ausrichtung von Servicebereichen. Weitere Schwerpunkte liegen in Trainings und Workshops für Manager und Führungskräfte in den Themenfeldern Management, Führung und Vertrieb und in der Konzeption, Implementierung und Projektleitung bei Personalentwicklungsprojekten.

In individuellen Coachings begleitet Michael Lorenz Manager bei persönlichen Veränderungs- und Entwicklungsprozessen in Führungs- und Positionierungsfragen. Er hat zahlreiche Artikel und Bücher zum Themenfeld Management, Führung und Human Resources veröffentlicht.

Nora Haager ist seit 2014 Beraterin und Trainerin bei der grow.up. Managementberatung GmbH in Gummersbach. Sie studierte Psychologie (B. Sc. und M. Sc.) mit dem Schwerpunkt Wirtschafts- und Personalpsychologie an der Technischen Universität Darmstadt.

Ihr Beratungs- und Tätigkeitsspektrum umfasst im Bereich der HR-Systeme und -Instrumente die Konzeption und Begleitung von Auswahl- und Potenzialanalyseverfahren sowie von Personal- und Prozessentwicklungsinstrumenten, die Durchführung von Personaldiagnostik mit Persönlichkeitsfragebögen und Testverfahren, das Führen von Auswertungs- und Entwicklungsgesprächen, die Entwicklung von Mitarbeiterbeurteilungs- und Zielvereinbarungsinstrumenten sowie die Konzeption, Implementierung und Auswertung von Feedback-Instrumenten.

In der Qualifizierung und dem Training von Führungskräften und Spezialisten hat sie sich auf die Bereiche Führung und Motivation, Konzeption und Begleitung von Führungs- und Projektplanspielen, Präsentation und Moderation, Kommunikation, Gesprächs- und Verhandlungsführung, Selbst-, Zeit- und Stressmanagement, Personalmarketing und -auswahl sowie Veränderungsmanagement spezialisiert.

Außerdem führt sie Karriere-Coachings und Team-Workshops zu unterschiedlichsten Fragestellungen durch. Nora Haager ist systemischer Coach und Reiss Profile® Master.

www.ingramcontent.com/pod-product-compliance
Lightning Source LLC
Chambersburg PA
CBHW061218180526
45170CB00003B/1048